Hans-Peter Schneider

Nero im historischen Roman 'Quo Vadis'

Hans-Peter Schneider


# Nero im historischen Roman 'Quo Vadis'


GRIN Verlag

Bibliografische Information der Deutschen Nationalbibliothek: Die Deutsche Bibliothek
verzeichnet diese Publikation in der Deutschen Nationalbibliografie; detaillierte bibliografische Daten sind im Internet über http://dnb.d-nb.de/ abrufbar.


1. Auflage 2004
Copyright © 2004 GRIN Verlag
http://www.grin.com/
Druck und Bindung: Books on Demand GmbH, Norderstedt Germany
ISBN 978-3-638-84284-6

Ludwig-Maximilians-Universität München

Geschichtsdidaktik - Sommersemester 2004

PS: Außerschulische Vermittlung von Geschichte

# Die Person "Nero" im historischen Roman

Verfasser: Hans-Peter Schneider

Studienfächer: Lehramt Gymnasium Geschichte und Deutsch

Fachsemester: 5

# Inhaltsverzeichnis

# Einleitung

Sienkiewicz hatte die Schuld[1] - dieses leicht veränderte Zitat aus einer Erzählung Thomas Manns scheint passend für die Wahrnehmung der Figur Kaiser Neros in unserem Jahrhundert zu sein. Wer sieht nicht Peter Ustinov als Nero in der berühmten Quo Vadis-Verfilmung aus dem Jahr 1951 vor seinem inneren Auge, wie er in genialer Weise das von Sienkiewicz geschaffene Nerobild darstellt?

Im ersten Teil dieser Arbeit wird allgemein die Entwicklung des historischen Romans nachgezeichnet. Hierbei sollen gewisse Besonderheiten in der Figurendarstellung dieser Gattungsart besonders hervorgehoben werden.

Sienkiewicz bekam für seinen historischen Roman den Nobelpreis, was von großer Qualität der literarischen Darbietung zeugt. Aber wie sieht es mit der historischen Wirklichkeit aus? Entspricht das Nerobild des Romans der Wahrheit? Oder kann es tatsächlich möglich sein, dass ein historischer Roman es geschafft hat, ganzen Generationen von Menschen ein der Wahrheit entlehntes Nerobild zu vermitteln? War Nero der Kunst verfallen, kümmerte er sich wenig um sein Volk, ließ er Spiele mit bis dahin unerreichter Grausamkeit aufführen? War er wirklich der große Feind der Christen? Diesen Fragen soll im zweiten Teil der Seminararbeit nachgegangen werden.

Als Grundlage für den ersten Teil dient vor allem der Text über den historischen Roman von Rolf Schörken. Doch auch die Werke von Michael Meyer, Heinz-Joachim Müllenbrock und Martin Richter waren sehr aufschlussreich für die Erarbeitung der Thematik. Für den zweiten, auf die Figur Nero bezogenen Teil werden vor allem die Abhandlungen von Jürgen Malitz und Manfred Clauss herangezogen.

---

[1] Vgl. Thomas Mann, Erzählungen, S. 73.

# I. Der Historische Roman

## 1. Die Ursprünge des Historischen Romans

Erstmals tauchten historische Romane in den frühen Jahrzehnten des 19. Jahrhunderts auf. Im Lauf der Jahre konnte sich diese Gattung bei der Leserschaft immer größerer Beliebtheit erfreuen, was wohl auch auf eine steigende Variantenvielfalt der behandelten Themen zurückzuführen war.[2] Auch zeugt dies von einem immer größer werdenden Interesse an Geschichte.

Allerdings ließen die Anfangswerke von unserem heutigen geschichtswissenschaftlichen Standpunkt aus sehr zu wünschen übrig, da sich die wahrheitsgetreue Übernahme geschichtlicher Fakten doch sehr in Grenzen hielt. „Noch keine Spur von den Schwierigkeiten, sich einem historischen Gegenstand anzunähern, noch nichts vom Rätsel des Fremdverstehens findet sich in ihnen"[3]. Quellenstudium an sich wurde nur ansatzweise betrieben, wobei man den Autoren zugute halten muss, dass die damalige Geschichtswissenschaft selbst bei weitem noch nicht die kritischen Maßstäbe in ihrer eigenen Forschungstätigkeit gesetzt hat, wie dies heute der Fall ist.

Historische Romane sind oft nach ähnlichem Muster aufgebaut. Es wird die Geschichte von Helden – nicht zwangsweise durch Quellen belegte Personen – erzählt, die eine Handlung durchleben, welche den Leser emotional berührt. Diese Helden sind zumeist nicht die höchsten Könige oder Herrscher, sondern eher „mittlere Helden", die zwar mit den obersten Staatslenkern Kontakte pflegen, jedoch selbst wenig Macht besitzen. Das Geschehen ereignet sich an historischen Orten, von denen zumindest die Angaben zum äußeren Erscheinungsbild annähernd authentisch dargestellt werden.[4]

Interessanterweise kam es in den frühen Romanen zu keiner politischen Instrumentalisierung, was dagegen Ende des 19. Jahrhunderts hin immer mehr zur Intension

---

[2] Vgl. Rolf Schörken, Begegnungen mit Geschichte, S. 25.
[3] Ebd., S. 25.
[4] Vgl. ebd., S. 26ff und vgl. Michael Meyer, Entstehung des Historischen Romans, S. 50ff.

verschiedener Autoren wurde. Wichtiger als das Politische war um 1850 die Ermutigung der Leserschaft, die – von schweren gesellschaftlichen Veränderungen wie der industriellen Revolution erschüttert – durch die Rückbesinnung auf „die glorreichen, alten Tage" Aufmunterung für zukünftige Aufgaben erlangen sollte.[5]

Mittel zum Zweck wurde der historische Roman in den Jahren nach 1871, also nach der Gründung des Deutschen Kaiserreiches. Hier trat vor allem der Autor Felix Dahn hervor, der mit seinem Roman „Ein Kampf um Rom" ein „Bild der Völkerwanderung von imposanter Einseitigkeit"[6] zeichnete. Vor allem Jugendliche sollten durch dieses Werk den Geist des Nationalismus unmerklich in sich aufnehmen und die darin propagierten Werte und Normen als gegeben annehmen.

Auffällig ist, dass, trotz der teilweise einseitigen Prägung der Romane von den Autoren immer mehr Quellenstudium betrieben und immer mehr Ergebnisse der Geschichtsforschung aufgenommen wurden. Allerdings hielt dies die Schriftsteller nicht davon ab, die Geschichte im Roman nach ihren Vorstellungen zu verändern. Dies ist legitim und die künstlerische Freiheit, die jeder Autor für sich beanspruchen kann. Schließlich versucht jeder Schriftsteller dem Leser das zu übermitteln, was er für wichtig und entscheidend hält. Immer breitere Schichten der Bevölkerung gehörten zur Leserschaft dieser neuen Romanart, was natürlich dazu führte, dass viele fiktive Klischees und Ereignisse aus den Erzählungen für wahrheitsgetreu erachtet wurden.[7]

## 2. Neuorientierungen bei der Verfassung historischer Romane am Anfang des 20. Jahrhunderts

Nachdem die Beliebtheit historischer Romane immer mehr gewachsen war, erlebten sie in den „Goldenen Zwanzigern" ihre Hochphase. Die Autoren dieser Zeit erhoben

---

[5] Vgl. ebd., S. 28f.
[6] Ebd., S. 30.
[7] Vgl. ebd., S. 31f und vgl. Michael Meyer, S. 61ff.

eindeutig einen künstlerischen Anspruch. Dies kommt auch dadurch zum Ausdruck, dass viele angesehene Schriftsteller, wie z.B. Heinrich Mann, Alfred Döblin oder Stefan Zweig, sich diesem Genre zuwandten. Da in den Texten immer mehr Rücksicht auf psychologische Hintergründe der handelnden Figuren genommen wurde – eine Entwicklung die dem Geist dieser Zeit entsprach –, veränderte sich der Kreis der Leserschaft von den Jugendlichen hin zu den Erwachsenen.[8] Die Historizität nahm in vielen Bereichen zu und das Quellenstudium war von äußerster Wichtigkeit. „Man konnte nicht mehr länger davon sprechen, dass Phantasiegebäude auf schmalster Tatsachengrundlage aufgebaut worden wären"[9].

Die bedeutenden Autoren des „neuen" historischen Romans nahmen immer weniger Rücksicht auf die am Ende des 19. Jahrhunderts so stark vorhandene nationale Identitätsbildung. Da diese Autoren zumeist von moderneren und liberaleren Anschauungen vereinnahmt waren, wurde die mehr konservative, nationalistisch Seite im historischen Roman nun eher ausgeblendet.[10] Diese Entwicklung fand durch die Machtergreifung Hitlers im Jahr 1933 ein jähes Ende, als in Deutschland kein Platz mehr für links-liberale Literatur war.

Die Inhalte der neuen historischen Romane glichen denen des 19. Jahrhunderts. Erneut stand im Zentrum der Erzählung ein „historischer" Held, auf dem die Handlung aufbaute. In die Geschichten wurden Erkenntnisse, die man aus Quellenstudium und Forschungsliteratur gewonnen hatte, mit eingeflochten. Das Ziel war es, den Helden für die Leserschaft emotional greifbar und somit auch „das Menschliche" an der Geschichte sichtbar zu machen, was in geschichtswissenschaftlichen Werken schwieriger möglich ist.[11] „Das Menschliche des Helden ist die wichtigste Brücke, die von der Gegenwart zur Vergangenheit geschlagen wird; die Distanz und Fremdheit der Geschichte wird so überwunden und Geschichte vertraut gemacht"[12].

---

[8] Vgl. ebd., S. 33.
[9] Ebd., S. 33.
[10] Vgl. ebd., S. 35.
[11] Vgl. ebd., S. 35f.
[12] Ebd., S. 36.

Absolut neu im historischen Roman der zwanziger Jahre ist eine doppelte Zielrichtung. „Das Gegenwärtige spiegelt sich [zum einen] im Vergangenen, und der historische Abstand bewirkt [zum anderen], daß man die Gegenwart, die einem im Alltagsleben viel zu nahe ist, als daß man sie klar überblicken könnte, mit einem verfremdeten Blick um so klarer sieht"[13]. Hauptintension des Autors ist es also, eine Hilfestellung für zeitgeschichtliche Probleme zu geben. Geschichte ist nur das Medium, in dem die Daseinsprobleme der Menschen beispielhaft dargestellt werden können.[14] Die Leser des historischen Romans „können gar nicht anders, als sich diesen erdachten Figuren nicht nur intellektuell, sondern auch emotional zuzuwenden, sich mit ihnen, positiv oder negativ, zu identifizieren."[15]

Allgemein ist zum historischen Roman zu sagen, dass er nicht als wissenschaftlich fundiertes Geschichtswerk aufgefasst werden darf. Durch die Darstellung von historischen Personen, die wie jeder der Leser auch ihre Stärken und Schwächen besitzen, schafft es diese Art der Erzählung, den Menschen eine Identifikationsmöglichkeit zu geben, die sie in sachlichen, geschichtlichen Werken nicht finden können.[16]

---

[13] Ebd., S. 37.
[14] Vgl. Joachim Rohlfes, Geschichte und ihre Didaktik, S. 348.
[15] Ebd., S. 349.
[16] Vgl. Rolf Schörken, Begegnungen mit Geschichte, S. 41.

## II. Geschichtsvermittlung im Historischen Roman

Wie oben beschrieben, wurde immer mehr versucht, den Historischen Roman in weitgehender Übereinstimmung mit den Quellen zu schreiben. Der Historische Roman stellt an sich selbst aber nicht den Anspruch, dass er die absolute geschichtliche Wahrheit beinhaltet. Dies ist der große Unterschied zu der im Angelsächsischen typischen Geschichtsschreibung, die Geschichte mehr in erzählendem Stil verfasst, dennoch aber die historische Wahrheit für sich beansprucht und einhält.[17]

Je näher sich der Historische Roman jedoch an der Wirklichkeit befindet, desto mehr verwischen die Grenzen von Realität und Fiktion, was eine große Gefahr darstellen kann. Wenn die Grundstruktur des Historischen Romans mit der durch Quellen belegten Wahrheit übereinstimmt, fällt es dem Leser umso schwerer, Abweichungen in der Detaildarstellung festzustellen. Das Idealbild dieser Gattungsart ist es, den Geschichtsablauf in völliger Übereinstimmung mit den Quellen nachzuzeichnen und nur das Innenleben der Figuren zu erfinden. Dies führt, laut Müllenbrock, zu einer viel einprägsameren Beschäftigung mit Geschichte, ohne die dichterische Freiheit des Autors völlig einzuschränken.[18]

Geschichtsvermittlung im Historischen Roman weist folglich einen deutlichen Zwiespalt auf. Einerseits kann dem Leser durch genaues Quellenstudium ein verständlicheres und dadurch leichter zu merkendes Bild geschichtlicher Tatsachen vermittelt werden. Andererseits verfällt der Leser durch die Verwendung von exakten Quellengrundlagen zu gerne in eine unkritische Haltung, durch die die Fiktionen des Romans ohne genauere Prüfung als Realität erkannt und aufgefasst werden. Ein Paradebeispiel für diesen Zwiespalt ist der Historische Roman „Quo Vadis", der von Millionen Menschen gelesen bzw. gesehen wurde und es so geschafft hat, die oben genannten Grenzen zu verwischen. Welche Auswirkungen daraus entstanden sind, soll im folgenden Kapitel näher beleuchtet werden.

---

[17] Vgl. Paul Michael Lützeler, Klio oder Kalliope, S. 11ff und vgl. Martin Richter, Past and Present, S. 29ff.
[18] Vgl. Heinz Joachim Müllenbrock, Der historische Roman, S. 118.

# III. Kaiser Nero im historischen Roman „Quo vadis" und in der Geschichtsforschung

Wie für diese Literaturgattung üblich steht im Mittelpunkt der Erzählung „Quo vadis" von Henryk Sienkiewiczs (1896) nicht der große Kaiser Nero, sondern der „mittlere Held" Vinicius. Dieser hat gute Verbindungen zu Petron und damit zum Kaiserhaus. Nero selbst ist in „Quo vadis" der „Hauptnebendarsteller", der durch seine Entscheidungen Schicksale tausender Menschen besiegeln kann. Wie bereits erwähnt, hat Sienkiewiczs durch die Beschreibungen Neros in seinem Roman das Bild des dilettantischen Kaisers erschaffen. Im Folgenden wird die Person Neros im Roman mit der aus der aktuellen Geschichtsforschung verglichen, wobei vor allem Rücksicht auf künstlerische und geistige Belange genommen wird; danach wird die Darstellung des Rombrandes kritisch diskutiert.

## 1. Neros Charakter und Selbstdarstellung

„Künstlerisch begabt, schrieb er mit großer Leichtigkeit Verse, er übte sich im Gesang und in den bildenden Künsten, außerdem besaß er eine Leidenschaft für Pferde und Wagenrennen"[19]. Liest man diese Zeilen Schneiders, kann man sich kaum vorstellen, dass sie sich auf Kaiser Nero beziehen. Schließlich schaffte es der kaiserliche Dichter in „Quo vadis", seine Zuhörer zum Einschlafen zu bringen.[20] Verstärkt wird die abschätzige Meinung über Neros Dichtkunst noch durch die Aussage Petrons, dass sich andere, um erbrechen zu können, Stäbchen oder Federn in den Mund schieben, er aber dazu nur Neros Gedichte zu lesen brauche.[21]

Vermutlich waren seine Verse nicht ganz so schlimm, wie es Petron sagte und außerdem war Nero nicht der einzige Herrscher, der sich als Dichter betätigte. Auch andere, wie Caesar, Augustus oder Tiberius, hatten sich in dieser Kunst versucht.[22]

---

[19] Vgl. Helmuth Schneider, Nero, S. 79.
[20] Vgl. Henryk Sienkiewicz, Quo vadis, S. 35.
[21] Vgl. ebd., S. 33.
[22] Vgl. Jürgen Malitz, Nero, S .41f.

Das Ausmaß allerdings, in dem sich Nero mit den künstlerischen Genres wie Poesie, Musik oder Bildhauerei beschäftigte, war bei ihm größer als bei seinen Vorgängern[23]. Diese Betätigungsfelder – vor allem die Musik und Bildhauerei – waren seid jeher von den unteren Bevölkerungsschichten betrieben und deshalb für höhere römische Bürger als nicht würdig erachtet worden[24]. Das überaus negative Urteil über Neros Talent wird im Roman etwas später ein wenig revidiert. Es wird nämlich geschildert, dass Nero einen Hymnus durchaus ansprechend vorträgt[25], was im Vergleich zu den vorherigen Äußerungen als äußerst positiv bewertet werden kann.

Nero wird in „Quo Vadis" als ein der Welt in vielerlei Hinsicht entrückter Herrscher dargestellt[26]. Jedoch sieht Nero im Roman, wie auch in der Realität, dass ein Auftritt in Rom für seinen Ruf als Herrscher gefährlich werden könnte[27]. Aus dramaturgischen und erzähltechnischen Gründen lässt ihn der Erzähler dann doch noch in Rom auftreten[28], ein Ereignis, dass in der Realität erst ein Jahr später stattfand[29]. Diese zeitliche Vorziehung des Auftritts bewirkt beim Leser eine weitere Verfestigung des negativen Nerobildes und der Autor versucht zu zeigen, dass Nero eine verrückte und kaiserunwürdige Aktion nach der anderen vollführt.

Die im Roman beschriebenen nächtlichen Überfälle Neros entsprechen der Wahrheit[30]. Nero scharrte hierbei eine Gruppe von Begleitern um sich und zog dunkel gekleidet durch die Straßen Roms, wobei es oft zu gewalttätigen Übergriffen kam. Dieses Verhalten ziemte sich eher verzogenen Jünglingen der Nobilität, als einem römischen Kaiser. Wahrscheinlich wollte er sich dadurch ein gewisses Vergnügen verschaffen und gleichzeitig einmal auf eine andere Art und Weise seine Macht über andere Menschen zeigen. Der Roman schildert – in Andeutungen – auch, wie unbeliebt Nero beim Volk war[31],

---

[23] Vgl. Werner Dahlheim, Die Antike, S. 493.
[24] Vgl. Jürgen Malitz, Nero, S .42 und Jaques Robichon, Nero, S. 156ff.
[25] Vgl. Henryk Sienkiewicz, Quo vadis, S. 81.
[26] Vgl. u.a. ebd., 296ff.
[27] Vgl. Manfred Fuhrmann, Seneca und Nero, S. 308f.
[28] Vgl. ebd., S. 407ff.
[29] Vgl. Jürgen Malitz, Nero, S .48f.
[30] Vgl. Henryk Sienkiewicz, Quo vadis, S. 111.
[31] Vgl. ebd., S. 336ff.

was verständlich ist, wenn man berücksichtigt, dass die Handlung des Romans auf dem verrückten und bösen Kaiser aufbaut. Dies entspricht jedoch nicht völlig der Wahrheit.

Nero war zunächst ein beliebter Herrscher, der sich vor allem in den Anfangsjahren seiner Herrschaft durch große Milde auszeichnete.[32] Er setzte alles daran, vor dem Volk in schwierigen Zeiten als starker Herrscher dazustehen, der in jeder Beziehung die Zügel in den Händen hält. Erst in seinen letzten Regierungsjahren kamen mehrere negative Stimmen auf, wirkliche Proteste gab es nur in den letzten Monaten.[33] Gründe für die immer lauter werdenden Stimmen gegen Nero waren vor allem seine immer lächerlicheres Auftreten als Künstler, sein rücksichtsloser Umgang mit Geld und sein oft grausamer Umgang mit politischen und gesellschaftlichen Gegnern.

Wie im Roman war der Kaiser zwar immer bereit, Wohltaten zu leisten, am politischen Tagesgeschäft zeigte er sich aber eher uninteressiert. Viele nicht öffentlichkeitswirksame Entscheidungen der Politik ließ er seine Günstlinge alleine entscheiden. Von Jahr zu Jahr wurde er desinteressierter, vermutlich auch deswegen, weil er sich immer mehr in seinen künstlerischen Wahn hineinsteigerte.[34]

## 2. Nero und der Brand Roms

Wenn man von Kaiser Nero spricht, erwähnt man zumeist im gleichen Atemzug den Brand Roms im Jahr 64 n. Chr.[35] Obwohl Brände in dieser Stadt keine Seltenheiten waren, rief dieser doch größere Auswirkungen hervor[36]. Nero selbst wurde von der römischen Bevölkerung als Brandstifter verdächtigt, ein Gerücht, dass bis heute weder bestätigt noch entkräftet werden konnte. Die Römer glaubten deshalb an die Schuld Neros, da bekannt war, dass er eine völlige Neugründung der Stadt anstrebte.[37] Realitätsgetreu berichtet der Romanautor vom Aufenthalt Neros in Antium als

[32] Vgl. Helmuth Schneider, Nero, S. 79.
[33] Vgl. Jürgen Malitz, Nero, S. 53ff.
[34] Vgl. Helmuth Schneider, Nero, S. 80.
[35] Vgl. Manfred Fuhrmann, Seneca und Nero, S. 310.
[36] Vgl. Jaques Robichon, Nero, S. 241.
[37] Vgl. Helmuth Schneider, Nero, S. 81, Jaques Robichon, Nero, S. 246 und Jürgen Malitz, Nero, S. 72.

ihn die Nachricht vom Feuer ereilte[38]. Außerdem ist der Circus maximus als Ausbruchsort des Feuers ebenfalls in den Quellen belegt[39].

In der stadtrömischen Bevölkerung wurde neben der Beschuldigung Neros als Urheber des Brandes auch gemutmaßt, dass der Kaiser, während Rom in Flammen stand, einen Hymnus über den Brand Trojas von seinem Palast herab gesungen habe[40]. Auch sei das Feuer nach einem gewissen Abflauen in den Gärten des Tigellinus, eines äußerst unbeliebten Günstlings Neros, wieder neu aufgeflammt, was absichtlich herbeigeführt worden sei[41].

Diese drei Vorwürfe, mit denen sich der Kaiser zwar in der Bevölkerung konfrontiert sah, die ihm aber nie nachgewiesen werden konnten, werden in „Quo vadis" als belegte Tatsachen geschildert: Nero hat die Brandstiftung in Auftrag gegeben, Tigellinus war sein williger Vollstrecker. Es gibt hier keine Zweifel, dass Nero den Plan hatte, ein „Neropolis" zu errichten, das er nach seinen Vorstellungen erbauen wollte[42]. Dazu braucht er Platz, den er nur bekommen kann, indem er das alte Rom verbrennen lässt. Darum muss das Feuer auch an verschiedenen Orten immer wieder neu entzündet werden.[43]

Im Roman wird dann geschildert, dass Nero bei seiner Ankunft in Rom seine Kithara ergreift und beim Anblick der brennenden Hauptstadt den Hymnus auf das zerstörte Troja zum Besten gibt. Die umstehenden Begleiter des Kaisers sind begeistert von einer derartigen, noch nie da gewesenen Darbietung.[44]

Nero lässt im Folgenden die Situation der römischen Plebs völlig kalt. Er gibt Petron die Aufgabe, die Bevölkerung zu beruhigen, indem er ihnen kaiserliche Wohltaten versprechen soll.[45] Dies jedoch scheint in der Realität nicht möglich gewesen zu sein, da auf dem Kaiser ein zu großer öffentlicher Druck lastete, als dass er sich durch einen anderen, wenn auch angesehenen Boten hätte vertreten lassen können.

[38] Vgl. Henryk Sienkiewicz, Quo vadis, S. 300 bzw. Jürgen Malitz, Nero, S. 71.
[39] Vgl. Henryk Sienkiewicz, Quo vadis, S. 304 bzw. Jürgen Malitz, Nero, S. 71.
[40] Vgl. Jaques Robichon, Nero, S. 243f.
[41] Vgl. Jürgen Malitz, Nero, S.72 und Helmuth Schneider, Nero, S. 82.
[42] Vgl. hierzu auch Werner Dahlheim, Die Antike, S. 493.
[43] Vgl. Henryk Sienkiewicz, Quo vadis, S. 348ff.
[44] Vgl. ebd., S. 337f.
[45] Vgl. ebd., S. 338.

Sowohl durch Bereitstellung von Unterkünften als auch von großen Mengen an Nahrungsmitteln versuchte Nero, tatkräftig der Bevölkerung zu helfen.[46] Man sieht, dass Sienkiewicz aus Gerüchten, die uns aus antiken Quellen so überliefert wurden, tatsächliche Ereignisse formt. Die Dramaturgie würde sich nämlich ohne die extreme Darstellung Neros nicht in dieser mitreißenden Weise, wie sie es in diesem Roman tut, entfalten können. Der Kontrast zwischen Gut und Böse ist das entscheidende, auf ihm baut die Struktur der Handlung auf. Je böser und verrückter Nero gezeichnet wird, desto heller erstrahlt die gute Seite der Christen. Die Leser stellen sich sofort auf die gute Seite, erkennen das kaiserliche Monster auf dem Thron und bemitleiden die ungerecht behandelten Christen. Durch das glückliche Ende und durch die Rettung der Liebe der beiden Hauptpersonen, wird gezeigt, dass der Glaube stärker war als die weltliche Macht Neros. Das Gute hat über das Böse gesiegt. Der Autor stellt dar, dass durch festen Glauben das Schicksal, ist es auch noch so schrecklich, getragen und zum guten gewendet werden kann.

## IV. Fazit

Der historische Roman „Quo vadis" hat vielen nachfolgenden Schriftstellern einen Anhaltspunkt gegeben, wie sie reale Geschichte in ihre Werke einfließen lassen können. Wer sich auf die künstlerische Freiheit bei der Erdichtung von Erzählungen beruft, muss sich nicht an wahre Begebenheiten halten. Wer dies dennoch in großem Maße will und tut, kann sich rühmen, ein Werk verfasst zu haben, das einerseits dem Leser Vergnügen bereiten, andererseits aber auch in einigen Bereichen ein Bild von geschichtlicher Realität vermitteln kann.

Wie oben bereits erwähnt, ist der Vorteil eines historischen Romans, dass er durch die Darstellung von Emotionen und Gefühlen näher am Menschen ist als eine eher an Sachlichkeit orientierte geschichtswissenschaftliche Darstellung. Darum ist der historische Roman der breiten, geschichtlich oft weniger gebildeten Masse zugänglicher und kann deren Geschichtsbild nachhaltig prägen.

---

[46] Vgl. Jürgen Malitz, Nero, S. 71, vgl. Manfred Fuhrmann, Seneca und Nero, S. 310 und Jaques Robichon, Nero, S. 241.

Henryk Sienkiewicz hat in seinem Roman in weiten Teilen versucht, den Lesern ein „reales" Bild des Jahres 64 n. Chr. zu vermitteln. Natürlich ist er in einigen Bereichen über Vermutungen und Gerüchte aus der Geschichtsforschung hinausgegangen, was sein Recht als Schriftsteller ist. Dennoch merkt man seinem Werk den Anspruch an, dass es durch exakte Quellenforschung der historischen Wahrheit sehr nahe kommen möchte. Dies entsprach sicherlich dem allgemeinen Zeitgeist, der stark von der Beschäftigung des Menschen mit Geschichte geprägt war.

Mit seiner Figur Nero hat Sienkiewicz eine Darstellung geschaffen, die sicherlich den wirklichen Nero des Öfteren an Extravaganz übertrifft. Doch er hat es geschafft, Generationen von Lesern von diesem Bild zu überzeugen und dieses im öffentlichen Bewusstsein zu verankern. Mit diesem Herrscherbild sind gleichzeitig andere historische Begebenheiten vermittelt worden, die für viele Bürger stark zur geschichtlichen Bildung beigetragen haben. Je genauer die Quellenforschung also ist, desto mehr können Leser an Geschichte wahrnehmen, ohne dass dies ihr vorrangiges Ziel ist. Sienkiewicz hat eine genaue Darstellung versucht und größtenteils auch erreicht und so für Generationen der nachfolgenden Schriftsteller ein herausragendes Beispiel für die Symbiose von reeller Geschichte und Fiktion gegeben.

# V. Literaturverzeichnis

Dahlheim, Werner: Die Antike. München 1994.

Fuhrmann, Manfred: Seneca und Kaiser Nero. Darmstadt 1997.

Lützeler, Paul Michael: Klio oder Kalliope? Literatur und Geschichte: Sondierung, Analyse, Interpretation. Berlin 1997.

Malitz, Jürgen: Nero. München 1999.

Mann, Thomas: Die Erzählungen. Frankfurt 1986.

Meyer, Michael: Die Entstehung des Historischen Romans in Deutschland und seine Stellung zwischen Geschichtsschreibung und Dichtung. München 1973.

Müllenbrock, Heinz-Joachim: Der historische Roman. Heidelberg 2003.

Richter, Martin: Past and present: Geschichtserfahrung und Geschichtsdeutung im englischen Essayismus und Roman des 20. Jahrhunderts. Frankfurt 1996.

Robichon, Jaques: Nero. Aus dem Französischen von Elmar Braunbeck. München 1998.

Rohlfes, Joachim: Geschichte und ihre Didaktik. Göttingen ²1997.

Schneider, Helmuth: Nero – In: Clauss, Manfred (Hrsg.): Die Römischen Kaiser. München 1997.

Schörken, Rolf: Begegnungen mit Geschichte. Vom außerwissenschaftlichen Umgang mit der Historie in Literatur und Medien. Stuttgart 1995.

Sienkiewicz, Henryk: Quo vadis. Aus dem Polnischen von Hugo Reichenbach. Köln 1995.

Lightning Source UK Ltd.
Milton Keynes UK
UKRC010612190719
346429UK00001B/5

* 9 7 8 3 6 3 8 8 4 2 8 4 6 *